AF248325

1726  1805

léville-Le-Pelley

Mousse-Corsaire-Officier de Vaisseau
Amiral-Ministre de la Marine

PAR

FOUGERAY DU COUDREY

Publié par le Comité
Formé pour l'érection
Du Monument de Pléville-Le-Pelley

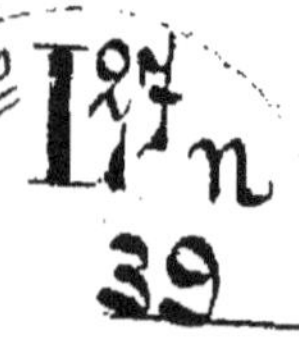

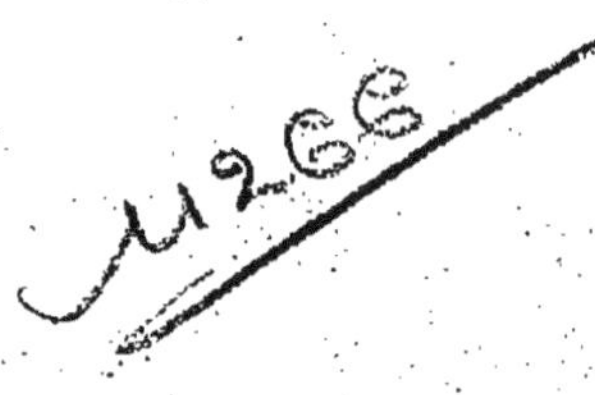

GRANVILLE
1905

PLÉVILLE-LE-PELLEY

Né à Granville en 1726 — Mort à Paris en 1805

Pléville-Le-Pelley

Mousse-Corsaire-Officier de Vaisseau

Amiral-Ministre de la Marine

PAR

FOUGERAY DU COUDREY

Publié par le Comité
Formé pour l'érection
Du Monument de Pléville-Le-Pelley

GRANVILLE
1905

L'AMIRAL

Pléville-Le-Pelley

La renommée aime les ambitieux qui la courtisent ; elle délaisse volontiers les héros modestes qui, sans souci de ses faveurs, travaillent et se dévouent dans le silence. L'amiral Pléville-Le-Pelley, brave sans forfanterie, travailleur acharné, administrateur au désintéressement sans bornes, devait être de ceux qu'elle laisserait dans l'ombre.

Mais c'est un devoir de justice et de reconnaissance pour les enfants de cette petite patrie granvillaise qu'il a chérie, c'est un devoir pour le pays qu'il a servi avec tant de dévouement, de sauver de l'oubli la noble figure de ce patriote sans peur, de ce républicain sans reproche.

I

Les Débuts du Marin

Georges-René Le Pelley naquit à Granville, le 18 juin 1726, de Hervé Le Pelley, sieur de Pléville et de Jeanne Belliard du Saussey. Il appartenait à une très ancienne famille bourgeoise qui avait jadis gagné dans les armements maritimes une fortune considérable.

Au commencement du XVIIIe siècle, pourtant, le patrimoine des Le Pelley était fort entamé. En effet, Jacques Le Pelley du Manoir, ancien garde-du-corps, qui avait contracté à la cour des habitudes de dépense, avait, dans le jeu et les prodigalités, dilapidé le plus clair de son bien et complétement vidé cette chambre pleine d'or, que les bonnes-gens émerveillés disaient avoir vue, jadis, chez son père, au manoir de Saint Nicolas. Il ne lui restait plus guère, à léguer à ses douze enfants, d'autre héritage que l'honneur qu'il avait acquis en 1695, comme gouverneur de Granville, dans sa défense contre les Anglais.

Cela suffit en somme à ses deux aînés pour se faire une place honorable dans l'armée : l'un Robert des Fontenelles à la tête d'une compagnie d'infanterie, l'autre Nicolas du Manoir dans le régiment du Roi-cavalerie, dans les rangs duquel il fut blessé à Vieux-Brisach. René, entré dans les ordres était devenu promptement curé de Granville et les deux derniers, Pierre de Tilly et Hervé de Pléville, s'étaient assez bien tirés d'affaire en choisissant le métier de la mer qui n'exigeait pas d'études très coûteuses.

Georges-René, n'avait pas, on le voit, à attendre un gros héritage de la part de M. de Pléville son père ; il ne devait pas, non plus, espérer beaucoup mieux du côté maternel, car M. Belliard, son aïeul, le trésorier de la marine, avait pour comble de malheur trouvé l'occasion de se ruiner complètement. Dans des conditions aussi précaires, l'abbé du Manoir curé de Granville, pensa assurer à son neveu un avenir tranquille, en le destinant à l'état ecclésiastique et s'appliqua, dès que l'âge le permit, à lui en donner le goût.

L'enfant cependant montrait peu d'enthousiasme pour les projets de son oncle. Il se passionnait au contraire pour les choses de la mer et n'avait pas de plus grande joie lorsqu'il pouvait échapper à la surveillance de ses parents que de courir sur le port observer les bateaux ou s'exercer à manier la godille.

Il lui fallut néanmoins aller étudier le latin au collège de Coutances ; il se soumit et travailla, mais sans quitter l'espoir de fléchir la volonté de ses parents et de s'embarquer avec son père dans un prochain voyage. (1)

M. de Pléville étant mort en 1739 (2) le curé de Granville fatigué de l'insistance de son neveu, décida de l'enrôler pour la pêche, mais avec des recommandations de nature à le dégoûter sans retard.

Georges avait douze ans quand il s'embarqua,

---

(1) Son évasion du collège de Coutances est une légende qui fut crée par François de Neufchâteau.

Les notes sans prétention, laissées par notre héros et intitulées *Mémoires de Pléville-Le-Pelley, de Granville en Basse-Normandie*, précieux document communiqué par M. Le Pelley du Manoir, les renseignements trouvés au Ministère de la Marine et dans les archives nous permettront de reconstituer avec certitude la biographie de l'Amiral.

(2) M. de Pléville mourut dans sa maison de la Clémentière, à Saint-Pair, le 20 Avril 1739. (*Registres Paroissiaux*).

en avril 1739, comme volontaire sur un navire armé par son parent, M. Couraye du Parc, le *Thorigny* qui allait pêcher la morue sur la côte du Canada.

Docile aux instructions de l'abbé, le capitaine ne ménagea au néophyte ni les humiliations ni les fatigues et sans lui laisser le temps de se reconnaître, lui fit faire, aussitôt embarqué, le métier de mousse.

Quand on fut arrivé à Terre-neuve, Pléville fut promu aide-cuisinier, occupant le temps que lui laissait la préparation de la soupe à la turlute, à couper le bois et à construire les cabanes.

Ce furent bien d'autres fatigues quand la pêche commença : Enfoui sous les tas croulants de poisson que jetaient les matelots, il fallut servir les trancheurs, demeurer dans l'eau des jours entiers pour laver la morue et, après avoir dormi 2 heures à peine, travailler presque sans trève de 3 heures du matin à minuit. « Tous ces travaux continuels m'excédaient, écrit Pléville, mais mon orgueil consistait à prouver à tous ceux qui m'entouraient que j'étais fait pour autre chose que pour être prêtre de paroisse. »

Après la pêche on le mit à servir les calfâts ; et

il chauffa le brai, fila l'étoupe, bourra et alluma les pipes des matelots.

Un hasard vint interrompre cette série d'épreuves : Tandis que le mousse s'efforçait de se rendre digne de ses fonctions, MM. Clément et Dry étant venus un jour visiter leur navire qui était amarré auprès du *Thorigny*, reconnurent sous son accoutrement goudronné, le fils de leur ami. Indignés, ils firent honte au capitaine de ses procédés, emmenèrent, d'autorité, l'enfant à leur bord et le gardèrent avec eux.

Georges fut à son retour affectueusement reçu par sa famille ; mais on n'avait pas encore renoncé à l'idée du séminaire et il fallut toute la résolution du jeune garçon pour triompher des dernières résistances.

*
* *

Au mois de mars suivant il alla s'embarquer au Havre comme enseigne (1) sur un long-courrier la *Ville-de-Québec*.

Le capitaine, homme brutal, qui avait avec lui

---

(1) Ce grade d'enseigne dans la Marine de Commerce, se donnait à des enfants, il n'était qu'un peu supérieur à l'emploi de volontaire ou pilotin.

son neveu, enfant un peu délicat, le forçait à
monter dans la mâture avec le jeune Pléville.
Celui-ci déjà rompu au métier s'en tirait fort
bien, mais son camarade avait beaucoup à souffrir.

Un jour de tempête dans les banquises, par un
froid terrible, le malheureux garçon ne pouvant
plus descendre, sur les voiles raidies par la glace,
Pléville appela du secours et aida à affaler son
compagnon dans une baille avec des cartahus.

Dès que le malheureux fut sur le pont, le
capitaine le fit saisir par les matelots et jeter dans
une barrique pleine d'eau.

Pléville, hors de lui, ne put surmonter son
indignation et invectiva le capitaine, qui le frappa
et le fit mettre aux fers.

Blessé dans son amour-propre, le jeune
enseigne se crut déshonoré et perdit la tête.
Quand, à la relâche de Penouille, à l'entrée du
Saint-Laurent, on lui permit de descendre à
terre, il décida de s'enfuir et de gagner Québec à
pied. Il savait très bien avoir à faire 120 lieues
dans un pays montagneux, à travers une forêt
peuplée de sauvages et de bêtes féroces ; mais
rien ne l'arrêta.

Le 13 juin il disparut dans les fourrés... Au

bout de 15 jours ses vêtements étaient restés, par lambeaux, aux branches des arbres où il était obligé de grimper soit pour dormir la nuit à l'abri des fauves soit pour cueillir les fruits qui faisaient sa nourriture. Tout nu, le corps déchiré par les épines et les pieds meurtris, l'enfant sans perdre courage marcha pendant 55 jours s'orientant sur le soleil et frayant lui-même son chemin dans les broussailles. Enfin une fumée légère parut à l'horizon ; Georges à bout de forces se traîna dans cette direction, atteignit la porte d'une chaumière et tomba épuisé.

Quand il se réveilla il était au milieu d'une famille de Canadiens français. Ces braves gens l'accueillirent comme un fils, le soignèrent, le comblèrent d'attentions et lavèrent eux-mêmes son corps meurtri. Pléville s'attendrit quand il parle dans ses mémoires de cette famille patriarcale des Dubuisson, « cette divine famille, dit-il, dont le souvenir ne finira qu'avec mon existence. »

Pendant près de deux mois il resta auprès de ses bienfaiteurs, se rendant utile, fauchant le foin, aidant aux labours.

Enfin, malgré instances de M. Dubuisson pour

retenir auprès de lui celui qu'il appelait son fils adoptif. il fallut partir, On était à la fin de septembre et les derniers navires français allaient quitter Québec. Pléville s'arracha aux embrassements de ses amis et s'enrôla sous le nom de *Duvivier* sur une goëlette sur le point d'appareiller pour les Antilles.

Au cap Français, son bâtiment ayant été condamné et l'équipage licencié, Duvivier dut prendre du service à bord d'un flibustier qui allait faire de la contrebande dans le golfe du Mexique. Il n'y avait pas à choisir, il fallut combattre les gardes-côtes et faire la flibuste avec les Espagnols.

Enfin, ayant trouvé un emploi plus paisible il s'engagea sur un navire du Havre le *Victor-Amédée*, comme patron de canot (car il montait peu à peu les humbles échelons de cette modeste hiérarchie) et l'on fit voile vers la France. La vie lui sembla rude à bord ; la nourriture des matelots était si répugnante qu'il leur fallait souvent raffler sur la soupe avec leur cuiller de bois les vers qui sortaient du biscuit. Cependant Duvivier gardait son incognito et sa condition modeste de matelot.

Un jour les vivres manquèrent tout-à-fait et l'on dut faire à un bateau qui passait signal d'assistance. Celui-ci approcha...

Duvivier avait, dès le premier abord, reconnu un terreneuvier granvillais, mais comme patron de canot il ne put éviter d'aller y conduire son officier. Il eut beau rabattre son chapeau sur les yeux, refuser de monter à bord, l'officier du granvillais, qui était M. Mulot du Rivage penché sur la lisse, insistant pour qu'il vint déjeuner, crut le reconnaître et appela M. Clément (1) le capitaine, le même qui quatre ans plus tôt (coïncidence étonnante) avait trouvé le jeune mousse en train de servir les calfats.

« Bah ! répondit M. Clément en accourant, Pléville ! il mort, le pauvre. On a passé deux jours à le chercher, il y a deux ans dans les bois de Penouille. »

Ils eurent cependant bientôt fait de reconnaître leur compatriote. Pléville un peu honteux, dut

---

(1) On trouve dans les archives de l'Amirauté de Granville que Michel Clément avec Jean Mulot Durivage comme officier commanda la *Marguerite-Olive* depuis 1740 jusqu'en 1745. Ce M. Clément était le frère de Jacques Clément des Maisons, l'officier municipal qui fut tué lors du siège de Granville, en 1793.

monter à bord ; on s'embrassa avec effusion ; on sortit les meilleures bouteilles et l'on fêta joyeusement sur les deux bâtiments le retour de l'enfant prodigue.

Arrivé au Havre le 20 avril 1742, Pléville n'eut que le temps de faire savoir à ses parents qu'il vivait encore et repartit le 8 mai avec son oncle Tilly sur le *Fleury*. Il était enfin officier.

« J'appris, écrit-il, à commander ce que je savais exécuter, mais avec le ton décent et convenable : je savais combien les matelots étaient malmenés ; j'adoucis leur sort. »

II

En Course et en Guerre

Revenu au mois de juillet 1743, il suivait à Caen des cours de mathématiques et d'hydrographie quand éclata la guerre avec l'Angleterre. Aussitôt il accourut au Havre et s'enrôla comme lieutenant sur un petit corsaire de 6 canons. C'est là qu'il reçut le baptême du feu. Il monta à l'abordage, fut blessé d'un coup de sabre au bras, et en donna beaucoup d'autres.

Après le désarmement il vint passer à Granville, deux mois, dans l'intimité de sa famille et de ses amis. Mais au milieu de la société qui lui faisait fête il n'oubliait pas qu'on se préparait dans le port comme on disait « à courir sus aux ennemis de l'Etat. »

On lui avait offert la place de 1er lieutenant sur deux corsaires, il crut devoir choisir le plus petit la *Françoise du Lac*, une simple goëlette de six canons, montée par 60 ou 70 hommes d'équipage.

Ce fut vers la fin de juin 1744 que le bateau sortit de Granville. Comme il arrivait auprès d'Ouessant, le capitaine aperçut une flottille de quinze voiles et fit mettre le cap dessus. Il avait bien reconnu qu'elle était anglaise, mais, malheureusement, il n'avait pas distingué parmi les bateaux un corsaire de 16 canons et un autre de 12 qui la convoyaient. Mauvaise marcheuse, la *Françoise* ne pouvait plus éviter le combat, elle fit contre fortune bon cœur et ouvrit le feu avec ses trois petits canons de chaque bord contre ses deux gros adversaires.

Il était midi quand le combat commença ; les navires étaient vergue à vergue.

Bientôt le pont de la *Françoise* fut couvert de morts et de blessés qui râlaient. Pierre Ledoux avait les deux bras emportés et Pléville, dès le début, avait reçu trois blessures légères et une mitraille dans le bras gauche ; sur les trois heures une balle de fusil lui entra dans la cuisse gauche. A 6 heures, plus de cinquante hommes étaient tombés, il n'en restait plus que douze debout en comptant Pléville, qui, tout sanglant, continuait à combattre.

Le capitaine voyant qu'il n'y avait plus d'espoir prévint qu'il allait amener le pavillon. Avant de rendre, le lieutenant Pléville voulut tirer un dernier coup de fusil ; mais écoutons son récit :

« A ce moment un de mes camarades et moi
« nous trouvâmes deux fusils encore chargés.
« Tirons-les, dîmes-nous, nous tuerons peut-être
« encore deux Anglais.

« Aussitôt dit que fait ; je mets mon pied gau-
« che sur la lisse pour mieux découvrir, mon
« camarade met le genou sur le tillac et fait feu,
« sous mon bras, avec moi. Un boulet ramé nous

« arrive, me coupe la jambe droite et coupe mon
« camarade en deux.

« Le pavillon fut baissé et les vainqueurs vin-
« rent s'emparer de leur proie. Nous nous étions
« battus en chemise ; la mienne, teinte de mon
« sang et de poudre, fut trouvée fine par les
« anglais et enlevée. On m'en donna une de ser-
« pillière à la place. J'étais pourtant étendu sur
« le tillac et ma jambe emportée.

« Après un quart d'heure de pillage, le calme
« permit au chirurgien de penser à m'opérer.
« Faute de tourniquet, il me plaça un ruban de
« fil autour de la cuisse, le tordit avec la spatule
« qu'il me donna à tenir et prit le couteau courbe.
« La scie fut employée. Cet homme ne connais-
« sait pas le périoste, l'opération fut cruelle...
« Enfin, après trois heures, l'opération fut finie,
« on me descendit et on me coucha sur des volets
« de canon. La fièvre s'empara de moi, je fus
« altéré ; j'en faisais signe aux anglais qui me
« donnaient alternativement, pour tisane, punch
« et flip, en sorte que je fus presque toujours
« ivre, pendant onze jours que nous fûmes à nous
« rendre en Angleterre, pendant lesquels je rou-

« lais, avec mon matelot, de tribord à babord dans
« les forts roulis. »

Quelle grandeur dans la sobriété de ce récit !
Quel sang-froid, chez cet adolescent de dix-huit
ans et comme on sent déjà ce courage modeste
qui fera la beauté de son caractère !

« On nous débarqua à Falmouth, continue
« Pléville, nous étions les premiers français pris.
« Je fus porté à l'hôpital avec vingt autres, suivis
« du peuple. Je n'y fus pas mal. Les habitants
« honnêtes vinrent nous visiter, nous plaindre...
« Une dame surtout, parut s'intéresser à mon
« sort ; mon âge sans doute en fut la cause. Elle
« me parla beaucoup, je ne la comprenais pas ;
« elle parla latin, je fus transporté de joie. »

Cette dame était Madame Pay, la femme d'un
juge de l'amirauté. Il n'y a pas de bontés qu'elle
n'eût pour le jeune blessé. Elle obtint, grâce à l'in-
fluence de son mari la permission de le faire
transporter chez elle, et l'entoura d'attentions de
toutes sortes. Il fallut recommencer l'amputation,
soigner les blessures qu'on n'avait jamais pan-
sées ; mais les bons soins triomphèrent de tout.

Si reconnaissant que fût Pléville envers sa
bienfaitrice, il songeait néanmoins à regagner sa

patrie. « Restez avec nous, lui avait dit madame Pay, laissez passer cette guerre ; nous n'avons pas d'enfants, vous nous en tiendrez lieu. »

Pléville, ému de tant de bontés n'osait répondre, et pensait toujours à son pays. Madame Pay le comprit et n'insista plus. Sans rien dire elle arma à ses frais un bateau parlementaire, obtint un passeport pour son protégé et sans avoir le courage de le revoir lui adressa une lettre d'adieu d'une délicatesse si touchante que le jeune homme tout en larmes, restait hésitant.

Les domestiques le transportèrent à bord du navire et deux jours après il était en France.

M. Letourneur (1), le commissaire de la marine de Granville avait obtenu pour le malheureux mutilé une pension d'invalide de 180 livres par an, mais Pléville n'était pas d'un caractère à rester inactif.

Il avait à peine eu le temps d'apprendre à se tenir sur sa jambe de bois qu'il partait comme lieutenant sur la frégate l'*Argonaute* commandée

---

(1) Ce Letourneur fut le père de Charles-Louis Letourneur, né à Granville en 1751, connu sous le nom de *Letourneur de la Manche* qui fut membre du Directoire en 1796.

par son oncle Le Pelley de Tilly (aout 1745). Le but de la campagne était d'aller avec l'escadre de M. de Salvert, au secours de Louisbourg, mais la place étant tombée aux mains de l'ennemi, on revint sans dépasser Terreneuve.

Au mois d'avril de l'année suivante, toujours sous les ordres de son oncle, il s'embarqua sur le vaisseau le *Mercure* et prit part à la malheureuse expédition du duc d'Anville.

Au moment où il revenait de Chibouctou, chargé de 350 malades, le vaisseau fut attaqué par l'amiral Anson. La résistance était impossible ; néanmoins, pour l'honneur du pavillon, le *Mercure* envoya sa bordée. Au plus fort de la canonnade, le commandant vit son neveu tomber de son banc de quart sur le pont, il courut s'informer. « Le boulet s'est trompé, lui cria de loin Pléville, il n'a donné d'ouvrage qu'au charpentier. » Il lui avait en effet coupé sa jambe de bois.

Le vaisseau étant capturé, l'équipage fut emmené à Plymouth, mais deux mois après Pléville était de retour à Granville.

On était au printemps de 1747 ; l'armement des corsaires était dans toute son activité et M. du

arc terminait les préparatifs de sa superbe fré-
ate, le *Grenot*, qui portait 40 canons et 400 hommes d'équipage. Pléville s'y embarqua comme lieutenant. On alla croiser dans la Manche et en
quelques combats on captura huit beaux navires
anglais dont la vente produisit de copieux divi-
dendes. Le lieutenant eut pour sa part 2,400
livres. Jamais il n'avait rêvé pareille fortune !

Il fut bien moins heureux à la fin de l'annnée
dans sa campagne sur *Duc-de-Noailles* où il
était second, car ce corsaire fut capturé dès le
début de la course et Pléville s'en fut encore pri-
sonnier en Angleterre. Il était sur parole à Tavis-
tock ; mais quand il vit que les échanges tardaient
à se faire, il jugea bon de reprendre sa parole et
se fit mettre en prison. Peu de jours après, il trouvait moyen d'escalader le mur, échappait, malgré
sa jambe de bois, à la garde qui le poursuivait et
parvenait, sans être vu, à se refugier chez un tail-
leur français. La nuit suivante il prenait la mer
et ne tardait pas à arriver à Granville.

La paix ayant été signée en février 1749, il prit
successivement le commandement de plusieurs
navires de commerce. Observateur attentif, travailleur consciencieux, il était devenu fort instruit

dans tout ce qui regardait son métier et les phénomènes atmosphériques n'avaient presque plus de secrets pour lui. Il poussait si loin le goût de l'étude qu'il employa ses loisirs à faire de Ouessant à Cherbourg les sondages que les ingénieurs n'avaient pu mener à bien avec assez d'exactitude.

Toutes ses traversées étaient heureuses ; il arrivait toujours le premier sans avaries, se jouant, pour ainsi dire, de la tempête.

Un jour il avait passé pour perdu : un ouragan qui avait fait de nombreuses victimes pendant l'automne de 1751, l'avait séparé des navires avec lesquels il rentrait au port. Depuis six semaines on était sans nouvelles de lui et les matelots affirmaient avoir vu sur la côte de Cancale les épaves de son navire. Il en vint même qui témoignèrent. par écrit, avoir trouvé sur la grève le cadavre de M. de Pléville et l'avoir enterré. Il n'y avait plus de doute à garder, mademoiselle Le Pelley pleura son frère, fit dire pour lui l'office des trépassés et prit le deuil.

Pléville, pendant ce temps, faisait en Angleterre un fructueux négoce et gagnait à son armateur 300 pour 100 sans fruster personne et peu de temps après il rentrait tout joyeux à Granville.

La réputation que son habileté lui avait acquise lui fit confier quelques mois plus tard, en 1752, bien qu'il fut le plus jeune de tous les capitaines du pays, le commandement du plus beau navire de Granville, le *Brillant*, de 500 tonneaux et de 140 hommes d'équipage. Avec ce bâtiment il étonna les vieux marins par des évolutions audacieuses au milieu des glaces et perfectionna, dans cette navigation si difficile et si périlleuse qui forme les meilleurs officiers, son talent déjà remarquable de manœuvrier.

En 1756, le maréchal de Richelieu ayant eu besoin des navires du commerce pour l'expédition de Minorque, Pléville fut délégué par les capitaines pour discuter leurs intérêts avec l'intendant, puis il prit part avec le *Brillant* au transport des troupes de l'expédition.

L'amiral ayant remarqué la précision des manœuvres de ce navire, envoya ses compliments au capitaine et le *Brillant* fut désigné pour aller chercher l'artillerie à Toulon et la débarquer, au fond d'une anse, en passant sous le feu du fort

Malborough. Pléville remplit sa mission avec précision. mais son navire fut criblé de boulets.

Il servit pourtant encore l'année suivante, pour l'expédition de Corse ; car le maréchal voulut garder Pléville et le charger du commandement du golfe de Jouan où se trouvaient les gros transports. Une frégate anglaise étant venue pour les attaquer pendant la nuit, le *Brillant*, malgré l'infériorité de son artillerie, s'avança à sa rencontre, la canonna et la força à la retraite.

Les armateurs de Granville et de Saint-Malo auraient désiré confier leurs meilleurs corsaires à un tel capitaine. Ils lui firent des offres séduisantes, mais Pléville, marié depuis un an avec la fille d'un capitaine marseillais, mademoiselle Rambaud, qui venait de lui donner un fils, préféra commander un bateau qui eût Marseille pour port d'attache. Il choisit le *Colibri*. trois-mâts armé en guerre et marchandises qui portait douze canons.

L'équipage était étranger, car tous les français étaient à ce moment au service du roi, mais le capitaine sut si bien le tenir en main et l'aguerrir, qu'en peu de temps il eut capturé huit navires ennemis parmi lesquels un « marchand de

ulets » commandé par le lieutenant de vaisseau
vis, qui ne se rendit qu'après un combat
harné.

Le *Colibri* accompagna ensuite M. de la Clue
i, devant aller aux Antilles, le choisit pour
lairer la marche de la division. Comme on
norait la force de l'ennemi dans le détroit, Plé-
lle, pour renseigner le général, eut l'audace
aller louvoyer dans la rade même de Gibraltar
us le canon de 14 vaisseaux et la joie d'appor-
r à M. de la Clue des informations qui sauvèrent
escadre.

A son retour le général reconnaissant, lui obtint
e brevet provisoire de lieutenant de frégate et le
ommandement du bateau du roi l'*Hirondelle*.

Ce n'était pas une force imposante, certes, que
e brigantin armé de 14 pièces de 6, mais son
apitaine était de taille à en tirer le meilleur parti.

Après avoir, par quelques modifications de
détail, fait de son bateau un marcheur de premier
ordre, vers la fin de novembre il mit à la voile.
Dès le lendemain deux navires ennemis tombaient
entre ses mains. Il les conduisit à Alicante et
mouilla dans le port, non loin d'un bâtiment
anglais de 24 canons, battant guidon rouge.

Pléville, convié à dîner chez le consul, y rencontra le capitaine Anglais qui lui dit : « Vous avez pris mes compatriotes, si je vous avais rencontré, c'est moi qui vous aurais capturé. » « Cela se peut, répondit paisiblement Pléville, buvons à nos santés. »

Plusieurs mois après, comme l'*Hirondelle* revenait des Antilles escortant des bateaux de Marseille, la vigie signala tout à coup une voile au vent. Pléville fait mettre le cap dessus et au bout d'un instant reconnait un anglais de force supérieure ; sans hésiter il fait attaquer et s'en rend maître après une heure de combat. Le capitaine vaincu vient à bord. Quelle surprise ! c'est cet anglais qui, chez le consul d'Alicante, avait si bien promis à Pléville de lui faire baisser pavillon. Toujours calme, mais non sans malice, le capitaine de l'*Hirondelle* le fait assoir aussitôt et lui versant à boire : « Buvons encore à nos santés », dit-il.

L'*Hirondelle* après une fructueuse campagne aux Antilles avait touché Toulon et voulait franchir de nouveau le détroit quand, le 8 mars, trois corsaires anglais se mirent en travers pour lui barrer la route, Pléville n'avait que ses 14 petites pièces à opposer à leurs 44 canons, néanmois il prit son parti et les attaqua les uns après les autres, en faisant pointer ses canonniers « à démâter ». Durant le combat, par un curieux hasard, un boulet vint encore lui enlever sa jambe de bois. « C'est la troisième fois que je perds la même jambe », dit-il en riant. Au bout d'une heure les trois anglais s'étaient rendus.

Cette capture couronnait une campagne dont le commandant de l'*Hirondelle* pouvait être fier, car il avait fait, depuis sa sortie de Toulon, 32 prises et près de 1500 prisonniers.

III

Dans la Marine Royale

On finit par comprendre en haut lieu que ce simple capitaine du commerce, qui servait avec tant d'ardeur depuis vingt-cinq ans, pouvait bien mériter quelques égards et l'on crut faire beaucoup pour lui en lui accordant, le 17 août 1762, le grade de lieutenant de frégate et la place de second sur le chebeck du roi, le *Renard*.

L'année suivante, le marquis de Fénelon, gouverneur de la Martinique qui avait été à même de l'apprécier le fit nommer auprès de lui comme capitaine de port. Il remercia le ministre dans ces termes : « *M. de Pléville, que vous avez eu la bonté de me donner comme capitaine de port, est arrivé le 16 à bord du* Grand-Guillaume *expédié de Marseille. J'ai l'honneur de vous réitérer tous mes remerciements de m'avoir accordé pour cette place un sujet dont je suis très persuadé que vous ne me ferez pas de reproches.* »

Pléville était digne en effet de la considération du gouverneur et des éloges que les meilleurs officiers du grand corps commençaient à faire de lui.

Aussitôt arrivé à la Martinique, il se rendit compte des besoins de la marine. Il y avait de quoi, en vérité, exercer son activité et ses talents d'administrateur ; car tout semblait à faire.

Le bassin de Port-Royal était comblé par onze navires marchands que les anglais y avaient coulés. Avec le peu de moyens dont il disposait, le nouveau capitaine parvint à le dégager complètement. En peu de temps il dessécha le marécage, construisit des quais, établit le poste. Toujours désintéressé, il crut devoir supprimer, à son détriment, la redevance que payaient les navires en entrant à Fort-Royal et qui avait été jusque là le bénéfice du capitaine de port.

Les cartes étaient défectueuses, il fit des sondages dans toutes les Antilles et leva le plan de toutes les rades françaises.

Chargé, en même temps, de se procurer le croquis du fort Saint-Christophe, au risque de se faire pendre comme espion par les anglais, il réussit, en se rendant la nuit dans cette île, à en dresser un plan détaillé qui servit plus tard aux troupes de M. de Bouillé. Par malheur, un matin ayant manqué son embarquement, il dut passer toute la journée caché dans un plan de cannes-à-sucre, sous un soleil torride et fut frappé d'une congestion, dont il faillit mourir.

L'administration dut l'envoyer en congé en France pour lui permettre de se rétablir.

Aussitôt son congé expiré, M. de Pléville, dont le marquis de Fénelon avait signalé les talents, fut chargé par intérim de la direction de la marine à Marseille et nommé le 1er janvier 1766, au grade de capitaine de brulot.

Il allait trouver encore dans ce nouveau poste d'exercer son esprit d'ordre et de justice. Il s'empressa de mettre fin aux abus qui s'étaient introduits. « Les agents ne protégèrent plus pour de l'argent, dit-il ; la police fut établie ; je fus la bête noire de tout le monde, mais on finit par m'estimer. »

On finit même par lui rendre justice et le 31 mai 1770 il fut nommé lieutenant de vaisseau et de port à Marseille.

Il avait enfin gravi tous les échelons de ces grades intermédiaires qui reliaient les états-majors du commerce au grand corps de la marine. Mais pour franchir cette barrière que l'esprit de corps de ceux qui portaient les bas rouges opposait aux modestes officiers bleus, il lui avait fallu plus de 3o ans de services sur mer et près de 20 années de commandement.

Pléville n'était pas homme, il est vrai, à solliciter les honneurs ; il trouvait dans l'amour de son métier et dans l'estime que lui témoignaient les officiers de toutes classes, des satisfactions suffisantes.

Sa vie n'est qu'une suite de traits de courage et de générosité.

Ce brave, qui avait si longtemps combattu l'Angleterre quand le patriotisme le demandait, fut heureux d'exposer sa vie pour sauver un de ses vaisseaux en péril.

C'était la première année de son commandement à Marseille ; Pléville, au milieu de la nuit du 1er mai 1770, fut réveillé par les appels du canon.

Il comprit aussitôt qu'un navire était en détresse, rassembla à la hâte une centaine de marins et les entraîna sur la grève, du côté du fort Saint-Jean.

L'ouragan hurlait terriblement dans la nuit ; les lames, qui fouettaient avec fureur les roches de la côte, rendaient impossible la mise à l'eau d'une embarcation et paralysaient tous les efforts. Enfin, l'aube paraît : on aperçoit un gros bâtiment qui poussé par la tempête s'était jeté sur les rochers et allait périr à l'entrée du port. C'était la frégate anglaise l'*Alarme*.

Le capitaine Pléville signale au navire de lancer une ligne amarrée à un objet flottant ; les naufragés obéissent. Cependant le remous est si violent sur les brisants qu'il empêche le flotteur de s'approcher de la côte ; il faudrait un vigoureux nageur pour aller le saisir dans le reflux et l'amener à terre. Les pilotes se regardent, mais les plus audacieux déclarent la tentative impossible.

Pléville alors prend son parti, il se jette à l'eau tout habillé, disparaît cinq fois sous les vagues, parvient à saisir la ligne et la prend entre les dents. Une lame le rejette sous une voute du quai ; on le croit perdu ; mais il reparaît et regagne enfin le rivage à l'admiration des pilotes.

Aussitôt il s'occupe de faire passer une amarre et par une manœuvre savante dégage la frégate et la remet à flot.

Cependant le navire a souffert ; l'eau monte dans la cale; l'*Alarme* va sombrer; « 250 hommes à sauver, écrit Pléville, et cinq millions pour le commerce, mon cœur n'y tenait pas et j'agis par des moyens extraordinaires. »

En effet, avec une tartane bien conduite, il arrive jusqu'à la frégate et, grâce à des connaissances nautiques exceptionnelles et un sang froid remarquable, il parvient à entrer au port le navire à demi coulé et n'ayant pas trois pouces d'eau sous la quille.

Cela ne suffisait pas encore à son amour-pro-pre professionnel : contre l'avis de tous les ingénieurs de Londres et de Toulon qui déclaraient le bâtiment impossible à renflouer, il le relève par des moyens de son invention, le radoube et le rend tout mâté à son capitaine.

Pléville enfin était satisfait. Il voyait que « l'Anglais admirait l'ouvrage et les ouvriers » et cela le payait de sa peine. Et quel était cet « Anglais » C'était le capitaine de la frégate, lord Jervis, qui sera bientôt connu sous le titre d'amiral lord Saint-Vincent, c'était un certain Nelson, le second de l'*Alarme* qui n'allait pas tarder non plus à faire parler de lui.

Le dévouement du lieutenant Pléville-le-Pelley fut dignement apprécié en Angleterre. Les lords de l'Amirauté en témoignage de la reconnaissance du gouvernement britannique, chargèrent l'année suivante le capitaine Jervis de retourner à Marseille avec sa frégate et de remettre au brave Pléville la lettre suivante :

« Monsieur,

« La qualité du service que vous avez rendu
« à la frégate l'*Alarme* fait la noble envie et
« l'admiration de l'Anglais : des travaux comme

« les vôtres méritaient que la Providence les
« couronnât ; vous avez dans votre âme une bien
« flatteuse récompense mais nous vous prions
« d'accepter comme gage de notre estime éter-
« nelle ce que le capitaine Jervis est chargé de
« vous remettre.

« Au nom et par ordre de Milord »

« Stephans »

Le présent qui accompagnait cette lettre
consistait en une pièce d'argenterie en forme d'urne
avec un dessus surmonté d'un triton finement
ciselé (1). Cette urne portait gravées d'un côté
les armes de l'amirauté anglaise avec le profil de
l'*Alarme*, de l'autre l'inscription latine suivante :

« Georgio Renato Pléville-Le-Pelley, nobili
normano Grandivillensi, navis bellicæ portûs-que
Massiliensis præfecto, ob navem regiam in littore
Gallico periclitantem virtute diligentiaque serva-
tam, septemviri rei navalis britannicæ libera
mente dono dicarunt. MDCCLXX. »

---

(1) Cette urne présentée solennellement, était une
somptueuse soupière, elle contenait un plat, une cuiller
à potage et avait pour soucoupe un très grand plat, le
tout d'argent et du plus bel ouvrage. On en trouve la
description, dans le dossier de Pléville, au ministère.

Le roi de France, voulant à son tour récompenser les services du lieutenant de Pléville, lui
conféra le 19 septembre 1773, la croix de Saint-
Louis, cinq ans avant qu'il n'eut atteint l'ancien-
neté de service réglementaire.

M. de Pléville était certainement, comme le
sont tant de marins, apte à bien des fonctions, il
dut néanmoins être surpris de la diversité des
emplois auxquels il fut affecté cette année-là.
Nommé successivement, lieutenant sur la corvette
la *Flèche*, capitaine au régiment d'infanterie de
Marseille, aide-major, puis commissaire de la
marine, il reprit à la fin de 1773 son poste aux
services du port.

En 1776 il commanda le *Sagittaire*, vaisseau
de 50 canons avec lequel il fit une campagne à la
Martinique.

Désigné, à son retour, pour recevoir le frère du
roi à Marseille, il s'acquitta de cette mission à la
satisfaction de tout le monde. Quelques semaines
plus tard, il fut chargé d'accompagner l'empereur
d'Allemagne, Joseph II, frère de la reine Marie-
Antoinette, et de lui répondre « sans trop éveiller
sa curiosité. » Pendant les trois jours que
l'empereur passa à Marseille il ne le quitta pas,

travaillant très tard, avec lui, dans la soirée
et Joseph II fut si content qu'il signala M. de
Pléville comme un des meilleurs officiers de la
marine et demanda pour lui une pension de 5o
louis. Le roi acccorda 4oo livres.

A ce moment le comte d'Estaing terminait à
Toulon l'armement de la flotte de 12 vaisseaux et
15 frégates avec lesquelles il devait aller soutenir
la cause de l'indépendance américaine. Sentant la
jalousie des officiers rouges pour sa trop rapide
carrière maritime, il avait appris à estimer ceux
qui avaient acquis leur expérience dans la marine
de commerce. Il demanda qu'on lui donnât Pléville et son fils, qui était déjà enseigne depuis
cinq ans, pour les prendre avec lui sur le *Languedoc* où il allait arborer son pavillon.

Pléville reçut l'ordre le 9 avril, prit 24 heures
pour remettre son service, régler ses affaires et
préparer ses équipages ; le 11 il était à bord et le
13 on mettait à la voile.

L'ordonnance de 1776, qui avait bouleversé les
règlements de la marine, avait reporté en queue
de la liste de leur grade les anciens officiers de
port. Pléville, qui était presque en tête des lieute-

nants de vaisseau, se trouva le dernier sur le *Languedoc* et dut prendre rang après des jeunes gens qui avaient navigué gardes-marine sous ses ordres, mais son patriotisme l'élevait au-dessus de ces humiliations.

Cette anomalie pourtant avait fait désigner comme officier de détail un lieutenant inexpérimenté qui était en tête de liste. D'Estaing n'avait pas à se louer de ses capacités et voulut nommer à sa place le meilleur de ses lieutenants. — Un matin il appela dans sa chambre les deux capitaines, l'officier en question et Pléville et signifia à ce dernier sa volonté de lui confier dorénavant le détail. Pléville refusa.

— Mais, monsieur, vous voyez dans quelle confusion nous sommes, reprend le général.

— Que tous mes anciens d'aujourd'hui, répond l'autre, se chargent du détail et s'ils ne vous satisfont pas je le reprendrai à mon tour.

— Ils ne sont pas plus capables les uns que les autres.

— Eh bien ! conclut Pléville, ne perdez pas cet officier, laissez-lui la signature et nommez moi son adjoint. Je me charge de tout.

Emus de tant de modestie et de générosité les

quatre officiers se levèrent et l'embrassèrent enthousiasmés. Tout le monde se retira satisfait.

D'Estaing faisait le plus grand cas de l'expérience et de l'habileté de son lieutenant, et c'était toujours à lui qu'il demandait conseil dans les circonstances difficiles ; mais, général audacieux et peu au courant des choses de la mer, il était trop impatient pour se plier aux prudents avis du marin.

Comme la flotte arrivait à la hauteur des Canaries, le général appela le lieutenant Pléville, lui dit en secret qu'il se rendait à l'embouchure de la Delaware et lui demanda quelle route était la meilleure. « Allez au Sud du Tropic prendre les vents alizés, répondit le brave loup de mer, suivez cette direction jusque près du continent, là le vent du Sud-Ouest et les vents du canal de Baham vous porteront rapidement à votre destination. » D'Estaing craignit sans doute d'allonger sa route ; il suivit le 26e parallèle, trouva des vents contraires qui lui firent perdre une vingtaine de jours et arriva trois jours après le départ de la flotte anglaise qu'on espérait surprendre dans la Delaware. Le résultat de l'expédition était déjà compromis.

Comme la flotte commençait à manquer d'eau, M. Pléville fut chargé de s'en procurer, il partit avec 200 hommes dans les canots, alla sous le feu de l'infanterie anglaise creuser des puits à trois lieues au Sud de New-York et approvisionna l'armée.

Le comte d'Estaing avait maintenant son opinion faite sur les qualités de son lieutenant, il savait qu'il ne pouvait trouver meilleur administrateur et il le choisit, dès ce moment, comme intendant général de l'armée.

M. Pléville-Le-Pelley dut présider à tous les services et subvenir, dans des conditions très difficiles, aux besoins des vaisseaux et à la subsistance de 12,000 hommes.

Ce fut lui qui fut chargé d'aller vendre les nombreuses prises que l'escadre avait faites devant New-York. Il s'en acquitta avec une correction et une habileté remarquables. Le compte qu'il en rendit au général était si satisfaisant que celui-ci voulut le récompenser de son zèle en lui allouant 2 pour cent sur le produit de la vente qui s'élevait à 15 millions. Pléville refusa ces

3oo,ooo francs et répondit qu'il était satisfait du salaire que le roi lui donnait pour servir.

Ce désintéressement est d'autant plus remarquable que Pléville-Le-Pelley était véritablement pauvre et que c'était à peine si, avec l'aide de son fils, il arrivait à suffire à l'entretien de ses petits-enfants qu'il avait dû prendre chez lui à Marseille.

Il établit des hôpitaux et des corderies sur la côte et parvint à vaincre une difficulté qui semblait insurmontable. Le *Languedoc* ayant été complètement désemparé dans la têmpête du 12 août, il trouva le moyen, bien qu'on ne put utiliser les bois du pays, de le remâter avec les mâts d'un vaisseau de 74 et ainsi successivement dans toute la flotte jusqu'à la plus petite frégate qui fut mâtée avec ce que l'on put se procurer.

Tous ces travaux ne suffisaient pas encore à son ardeur et il demanda à conduire une des colonnes d'attaque au sanglant assaut de Savannah.

Tandis qu'il s'occupait à Boston de réapprovisionner l'armée achetant des blés et des farines au prix que demandaient les américains, une émeute populaire éclata, causée, dit-on, par un désaccord entre le général Sullivan et l'amiral d'Estaing. Les deux français qui se trouvaient à terre subirent les violences de la populace ; Pléville fut très grièvement blessé et demeura long-temps estropié du bras gauche et M. de Saint-Sauveur, son second, atteint mortellement, succomba peu de temps après à ses blessures.

Pléville s'obstinait à rester à son poste, il voulut accompagner l'armée aux Antilles et, tout malade qu'il était et grelottant de fièvre, il présida encore à beaucoup de travaux. Enfin il lui fallut céder et se décider à rentrer en France, mais avant de partir il mit son amour-propre à rendre fidèlement ses comptes.

« Je puis dire que les seuls comptes d'armée navale, d'escadre et de division qui aient été rendus sont les miens, affirme-t-il, et depuis, ceux du sieur Ravenel, mon parent, autre officier de port, également chargé de l'intendance dans l'escadre de M. de Suffren. » (1)

---

(1) Louis Gaud de Ravenel né à Granville en 1747, s'était fait remarquer par son intégrité et avait été surnommé « l'incorruptible » par ses camarades de l'escadre de Suffren ; il fut anobli par Louis XVI et fait capitaine de vaisseau.

Peu de temps après son départ, le commandant de l'île Sainte-Lucie, lord Barington, lui envoya un parlementaire pour lui dire que la corvette *Stanley* sur laquelle était son fils avait été prise par le vaisseau le *Culloden*, que l'enseigne Pléville-Le-Pelley, emmené à Bristol, était en ce moment chez le ministre à Londres et qu'on le priait de croire qu'il y serait fort bien traité.

Le jeune homme en effet très bien reçu par les lords de l'amirauté avait été renvoyé en France sans échange et sans donner sa parole de ne pas servir, en souvenir du service rendu jadis par le père à l'équipage de l'*Alarme*.

On lui avait même permis de choisir trois camarades qui rentrèrent en France avec lui.

Cette marque éclatante de reconnaissance, cet hommage rendu en pleine guerre à un adversaire honore hautement les hommes qui en ont eu la pensée.

Dignement apprécié au nouveau monde, Pléville-Le-Pelley reçut du Congrès américain la décoration de Cincinnatus dès l'institution de cet ordre destiné à récompenser les officiers supérieurs qui avaient le mieux servi la cause de la liberté.

A son arrivée en France, il apprit que sur la recommandation de l'amiral d'Estaing, le roi venait de le nommer capitaine de vaisseau.

Toutes les puissances semblaient s'unir en ce moment pour rendre justice à la valeur de Pléville-Le-Pelley.

.

Désigné comme capitaine de vaisseau et de port pour aller prendre le commandement de la marine à Marseille, il se rendit à son poste à la fin de 1779.

Il serait impossible de citer ici les nombreux travaux que son zèle lui fit entreprendre dans le ressort de son commandement, ni les projets qu'il conçut et qui firent plus tard la réputation de ceux qui les reprirent pour leur compte.

Au moment où la fortune semblait lui sourire, deux malheurs imprévus le frappèrent cruellement : en 1780 il perdait sa femme et deux ans après, au commencement de 1783, son fils, vigoureux garçon de 25 ans, succombait, à une maladie de quelques jours ; « ce que n'avaient pu faire cinq années de guerre sur mer, sans congé ni maladie, écrit le père désolé (1), ce que n'avaient

____

(1) Arch. de la marine.

pas touché les armes de l'ennemi dans huit combats majeurs, une fièvre ardente vient de le consommer en six jours. »

Pour vaincre sa tristesse, Pléville se plonge avec plus d'ardeur encore dans le travail. Appelé à Paris en 1785 par le ministre pour siéger dans diverses commissions maritimes ou commerciales qui réclamaient le concours de sa vieille expérience, il travaille pendant toute une année avec les plus hauts personnages du royaume : le maréchal de Castries, ministre, le maréchal de Beauveau, le marquis de La Fayette et M. de Fleurieu.

M. Pléville-Le-Pelley, qui avait toujours montré un vif attachement pour sa ville natale, ne manquait aucune occasion de revoir ce rocher de Granville où il retrouvait avec attendrissement les souvenirs de son enfance. Malgré les difficultés du voyage, il profita à plusieurs reprises de son séjour à Paris pour venir passer quelques semaines au milieu des parents qui lui restaient et des nombreux amis qu'il comptait dans le pays.

Ce fut au cours d'un de ces voyages que la

municipalité de Granville lui témoigna le désir d'avoir son portrait pour le placer dans la grande salle de la mairie.

La modestie du vieux marin s'effaroucha d'une telle proposition, mais M. Perrée du Hamel, maire et ses deux échevins, MM. Lucas-Desaulnays et Fougeray, renouvelèrent par lettre leur demande et insistèrent si bien qu'il fallut que le brave homme cédât à leurs instances.

Au mois de juin 1786. le portrait arriva à Granville. Une lettre d'une modestie touchante et toute vibrante de l'amour du pays l'accompagnait :

... La voilà donc, écrivait Pléville, cette image
« de l'homme qui vous est le plus véritablement
« dévoué...
« C'est à ma patrie, c'est à mes concitoyens,
« que je dois et que j'aime à devoir mon exis-
« tence. C'est sur leurs vaisseaux, sur leur exem-
« ple, d'après leurs principes, leurs leçons, que
« j'appris les premiers éléments de mon métier,
« que j'aimai la carrière que j'embrassai, et, si les
« faveurs, les grâces dont j'ai été comblé ont
« récompensé en moi, plus le zèle et la bonne

« *volonté de servir mon Roi, que les talents et la*
« *capacité, ces honneurs, celui qui en est honoré,*
« *tout est votre ouvrage, tout doit vous être*
« *reporté...*

« *... O Granville !... O mes compatriotes !*
« *quel prix je reçois d'une carrière que j'ai tâché*
« *de rendre digne de vous ! La Providence peut*
« *la terminer à son gré : elle est remplie.... et*
« *mon cœur dans l'ivresse du bonheur n'a plus*
« *rien à désirer que votre félicité générale.*

« *Je suis très respectueusement, Messieurs,*
« *votre très humble et très obéissant serviteur,*

« PLÉVILLE-LE-PELLEY,

« *Bourgeois de Granville,*
« *Capitaine des vaisseaux du Roi*
« *et du port de Marseille, Chevalier de*
« *Saint-Louis et de Cincinnatus.* » (1).

Versailles, 26 juin 1786.

La ville conserve pieusement ce souvenir d'un
des plus illustres de ses enfants. Le portrait, fort
ressemblant, d'après le témoignage même des
contemporains, et d'un véritable intérêt artistique,
représente Pléville-Le-Pelley, en costume de
capitaine de vaisseau, c'est-à-dire avec l'habit de

______

(1) Archives municipales Granville.

drap bleu bordé des galons tressés qui sont les insignes des officiers de port, le gilet rouge galonné et la culotte de même couleur.

*
* *

Pléville avait repris depuis quelque temps déjà son commandement à Marseille quand il fut victime d'une injustice qui l'attrista profondément.

Un camarade de son fils, le lieutenant de vaisseau de Viefville, qui revenait de l'Inde où il avait commandé l'*Annibal* dans la division de Suffren, s'éprit de la plus jeune des filles du Commandant Pléville et la demanda en mariage.

M. de Viefville avait peu de fortune, il savait que le commandant n'en avait pas du tout et il vint lui faire l'offre suivante : « Vous avez assez fait pour le pays ; prenez votre retraite ; la pension de capitaine de vaisseau de première classe suffira à vos goûts modestes, demandez qu'on me donne votre place et nous serons tous à l'aise. »

Pléville crut devoir faire au bonheur de sa fille le sacrifice de sa carrière ; il demanda au ministre d'accepter cette combinaison.

M. de Montmorin, qui était chargé du portefeuille de la marine, répondit courrier pour courrier, envoya l'ordre du roi portant la retraite de Pléville et l'autorisation à Viefville de prendre immédiatement ses fonctions et d'en porter ces insignes. M. de La Luzerne, le ministre, devait dès son retour à Paris envoyer les brevets. Le mariage se fit.

On attendait depuis plusieurs mois les brevets, lorsqu'au mois de mars 1789 on apprit que celui de retraite, seul, était arrivé, qu'un certain Eyriès était nommé à la place du Commandant Pléville et que Viefville restait lieutenant.

Cette criante iniquité souleva l'indignation de la marine. Mais on comprit que Eyriès était l'agent de la compagnie d'Afrique et que M. de La Luzerne, intéressé dans cette société, avait été heureux de récompenser ses services sans bourse délier. Il n'y avait pas à espérer d'obtenir justice.

Pléville se confina dans sa famille et s'adonna tout entier à l'éducation de ses petits enfants.

III

La Révolution

Comme la plupart de ses compagnons d'armes, Pléville-Le-Pelley avait rapporté de la guerre d'Amérique des aspirations vers la liberté et il était tout disposé, lui qui avait subi l'injustice des privilèges et le bon plaisir des grands, à saluer la Révolution qui commençait, comme la réformatrice de tous les abus.

Néanmoins, au milieu de l'exaltation des esprits, il sut garder cette sagesse et cette dignité qu'on pouvait attendre d'un homme de son caractère. Insensible à la peur comme à l'intérêt, il marcha droit son chemin, guidé seulement par sa conscience. Aussi fut-il en butte aux suspicions de tous les partis.

Il était entré au club patriotique qui s'était formé à Marseille en 1790 et comprenait des hommes de toutes les classes. Regardé par les aristocrates comme un roturier trop libéral, suspect aux ouvriers à cause de son grade et de ses décorations, odieux aux exaltés à cause de sa sagesse, il fut empêché de faire autant de bien qu'il aurait désiré.

Cependant, par les mesures énergiques qu'il fit prendre en 1792, au moment où des bandes d'énergumènes s'attroupaient pour mettre le feu et saccager les magasins, il eut la chance de sauver du pillage la ville de Marseille.

Barbaroux et les Girondins qui l'avaient accusé de modérantisme, lorsqu'ils conduisaient les bataillons marseillais au massacre des Tuileries, l'injurièrent comme clubiste, lorsqu'ils songèrent, avec Abeille, à entraîner la ville dans le mouvement fédéraliste du Midi.

Inébranlable dans ses convictions, tandis que ces collègues du club, se cachaient, épouvantés, dans la campagne, il resta, presque seul, à tenir tête à l'orage.

*
* *

Un autre genre de lutte eut mieux convenu certes, aux goûts du vieil officier. Pléville était impatient de se dévouer encore pour la Patrie et son bras, toujours aussi solide, était prêt à combattre sous les trois couleurs, comme il l'avait fait sous les fleurs-de-lys.

Ce même homme en effet qui écrivait au ministre en 1772 :

« *J'ai 45 ans, de la santé, à la vérité, leste encore*
« *assez pour disputer à un matelot d'arriver le premier*
« *à la tête d'un mât ; mais j'ai perdu la jambe droite*
« *par le canon et j'ai sur le corps une douzaine de*
« *blessures, aussi je m'attends à être vieux avant le*
« *temps.* » (1)

Ce même brave, vingt ans après, en 1792 déclarait encore :

« *J'ai 65 ans, mais je suis en aussi bonne santé qu'à*
« *cinquante. Ma jambe de bois ne m'incommode point et*
« *la mer est mon élément puisque je l'ai battue 42 ans*
« *sans relâche.* » (2)

Aussi insistait-il pour que la marine à laquelle l'émigration venait d'enlever un grand nombre d'officiers consentit à utiliser ses services :

« *Dans cette espèce de détresse, tout citoyen doit*
« *se présenter et, en cette qualité, si mes services*
« *peuvent encore être utiles, au titre de la loi, je*
« *demande à rentrer dans la marine...*

(1-2) Archives de la Marine.

« ... *Je redemande donc de servir, par ce qu'on*
« *manque d'officiers dont beaucoup étaient du plus*
« *grand mérite, parceque la patrie est en danger,*
« *parceque mon zèle ne finira qu'avec moi... et si,*
« *contre mon attente, le roi n'agréait pas mon offre, je*
« *n'aurais rien à me reprocher et j'aurais, au pis aller,*
« *le plaisir de servir comme soldat-artilleur, si l'en-*
« *nemy attaquait Marseille.* »

La loi ne permit pas, paraît-il, d'accueillir le
concours du brave mutilé. Pléville dut rester à
Marseille; il y rendit de grands services pendant
les troubles, puis il fut envoyé pour rétablir l'ordre
à Arles et à Cottignac où son tact et sa modéra-
tion obtinrent ce que la violence n'auraient pu
imposer.

Au mois de septembre 1793, la nouvelle arriva
que l'escadre du commandant Jean-Gaspard
Vence, avec les trente navires qu'elle était chargée
de convoyer, était bloquée dans le port de Tunis
par les vaisseaux anglais et espagnols. Il y avait
de quoi certainement, émouvoir la population
car la Provence, commençait à souffrir de la
disette et on savait que le convoi portait une car-
gaison de blé d'une valeur de vingt millions.

La foule ne manqua pas de s'affoler, et, comme

toujours, commença à crier à la trahison avant d'être renseignée. Les représentants Pomme et Charbonnier, qui se trouvaient dans la ville, n'en demandèrent pas davantage pour accuser Vence, malgré ses brillants états de service, de connivence avec l'ennemi et ne cherchèrent que le moyen de l'atteindre pour le livrer à la justice expéditive du comité du salut public. (1)

Ils firent appeler Pléville pour le charger de ramener le convoi et d'en destituer le commandant. Pléville n'entendait pas rentrer au service dans de telles conditions et il refusa tout espèce de grade, mais il crut de son devoir d'accepter la mission, gardant, avec une abnégation véritablement héroïque, l'espoir de sauver, au péril même de sa vie, un ancien compagnon d'armes.

« Les représentants me dirent : « Il faut aller à Tunis prendre le commandement de la division et du convoi », raconte Pléville dans un mémoire qui est dans son dossier au ministère. J'observe mon âge, mes infirmités et les renvoyai à de plus jeunes marins que moi.

---

(1) V. la communication de M. L. Grasilier, lue le 5 Juin 1901 à l'assemblée de la *Société d'Histoire contemporaine.*

« — Ils se sont tous trop mal conduits pour mériter la confiance.

« — Mais, leur dis-je, vous avez ici Gassin.

« — Nous le savons, mais nous avons besoin de lui et il est destiné à une mission non moins importante.

« — J'accepte donc, leur dis-je, mais en républicain, c'est-à-dire que je n'aurai ni grade, ni uniforme, ni brevet, ni traitement. Je serai nourri seulement, par conséquent point d'avancement.

« — Consenti. »

« J'eus ordre du comité du salut public d'aller à Tunis prendre le commandement de la division et du convoi que commandait le citoyen Vence (1); il me fallait un secrétaire, je comptais prendre le frère de mon gendre, mais le citoyen Isnard de la Chambre de Commerce qui avait été secrétaire chaud de la Section et qui était caché, me fit prier de lui sauver la vie en le menant avec moi ; j'y consentis ; je le proposai aux représentants du peuple qui avaient déjà voté contre lui : je fus refusé. Je revins à la charge si fortement que je l'obtins (cet acte me fit dénoncer au tribunal révo-

---

(1) Mémoires de Pléville.

lutionnaire qui se proposait de me faire périr à mon retour, à ce que je sus depuis ; le club était aussi de cet avis parce que j'avais remis à la section mon billet de clubiste).

« Je partis sur une tartane et après avoir été tourmenté par le mauvais temps et la chasse des ennemis, le huitième jour, fuyant une tempête du vent de Nord, j'aperçus le golfe de Tunis bloqué par huit vaisseaux de ligne sous leurs basses voiles. Je ne pouvais fuir en revenant au vent ; j'imaginai la ruse suivante qui seule pouvait me sauver : J'arrivai sur eux ayant pavillon et flamme blanche afin de leur faire croire que j'étais un aviso venant de Toulon, qui leur portait des dépêches ; ils donnèrent dans le panneau et arrivèrent dans Tunis où ils furent mouiller ; je les suivis et déjà leurs canots venaient à bord, quand, me trouvant sous les batteries, j'arborai mon pavillon. Les canots s'en retournèrent et je mouillai près de terre.

« Je me rendis chez le Consul que je trouvai avec le citoyen Vence ; je leur fis part de ma mission ; je rassurai le commandant et lui dis : « Je « vous ai toujours connu pour honnête homme « et je vous crois tel ; vous avez sûrement été

« calomnié. J'ai accepté cette commission, parce
« qu'un autre que moi, plus audacieux ou plus
« timide n'aurait point apporté ici les mêmes
« intentions. Voyez mes instructions, elles ne
« s'exécuteront pas, je vous sauverai, dussè-je
« périr. »

Elles portent ce qui suit : « 1° Le citoyen Plé-
« ville-Le-Pelley se rendra à Tunis le plus tôt
« possible.

« 2° Dès son arrivée il destituera le citoyen Vence,
« lui fera mettre ainsi qu'à son neveu les fers aux
« pieds et aux mains.

« 3° Il l'enverra en France par le même bâtiment
« qui l'aura porté à Tunis, pour y être traduit au
« tribunal révolutionnaire à Paris.

« 4° Il prendra le commandement de la division
« et du convoi qu'il tâchera de ramener en France,
« approuvant d'avance tout ce qu'il fera pour rem-
« plir cet objet, etc. »

« Après cette lecture, le consul et le commandant furent plus tranquilles, j'étais excédé de
fatigue, je me retirai dans la chambre que l'on
me donna.

« Le lendemain matin une députation du vais-
seau-amiral, favorable à Vence, arriva et parla

beaucoup en sa faveur, mais avec beaucoup d'éloges sur mon compte.

« Faites une pétition, leur dis-je, qu'elle soit signée individuellement et me l'apportez. Je demandai avis sur le compte du citoyen Vence, aux capitaines du commerce, à la Chambre de commerce, aux consuls, aux ministres du Bey. Tout lui étant favorable, je me décidai à désobéir à mes ordres. Je fus à bord du *Duquesne*, j'y lus le pouvoir dont j'étais revêtu et j'ordonnai en conséquence aux équipages de continuer à reconnaître pour commandant le citoyen Vence et lui obéir dans tout ce qui serait service de la République... Je dis secrètement à Vence : « Vous voilà sauvé, je ne sais ce que je deviendrai, je suis sûr que vous vous conduirez bien... »

Après quelques jours d'attente que Pléville employa à ramener le calme dans les esprits de quelques exaltés qui projetaient un coup de tête, on eut la joie de voir l'ennemi quitter la rade et le commandant Vence put faire voile pour Marseille.

Son opération étant terminée, Pléville se mit en quête d'un navire pour regagner la France et prit passage sur un vénitien qui partait pour Gênes.

La veille de son départ, l'ingrat Isnard, qui l'avait fait insulter par les turcs vint le trouver. « Il me dit, raconte Pléville, qu'il me quittait parce qu'il voulait aller en France et qu'il pressentait que je n'oserais pas y retourner. — Consenti. — Le lendemain nous mettons à la voile et je vois venir Isnard me prier de tout oublier ; je le veux bien, et nous partîmes. »

« Nous traversâmes heureusement jusqu'à vingt lieux de Gênes ; une frégate anglaise nous défendit d'y aborder et nous ordonna d'aller à Livourne, ce qui fut fait. »

« Le capitaine va demander la quarantaine ; il désigne les passagers, me nomme ; à l'instant des milliers de français de Toulon et de Marseille, presque tous ceux que j'avais vus dans les sections demandent ma tête comme républicain. Le gouverneur les calme et promet d'en écrire au grand duc, qui ordonne que je sois respecté dans ma quarantaine. »

Après toutes sortes d'ennuis et une escale à la Spezzia, Pléville parvint enfin à se faire conduire à Gênes. Il y trouva une lettre de Marseille.

« On m'annonçait, dit-il, que j'étais dénoncé par le club pour avoir mené Isnard avec moi, resté dans ma section et avoir remis ma carte de club : « Fuyez une mort certaine », me disait-on. Nonobstant, je partis seul et j'arrivai à Nice. J'aurais désiré traverser les montagnes du Dauphiné, cela n'était pas possible, il fallait donc me résoudre à passer par Aix.

« A toutes les couchées, je me présentais au comité révolutionnaire, j'y essuyais mille désagréments ; mais, décidé à mourir, je me tenais aux propos suivants : « voilà mon passeport, m'arrêtes-tu ou puis-je partir ? » Cela me réussit ; j'arrive à Lambesc, j'y trouve le citoyen Dantoine, je lui dis qu'un décret sur les ex-nobles et les chevaliers de Saint-Louis me défendait Marseille et que j'allais à Paris. — « Donnez-vous en bien de garde, me dit-il, le même décret vous défend la capitale. »

« J'en écrivis au ministre de la marine et je lui demandai réponse à Fontainebleau.

« Je continuai ma route et mes visites aux comités révolutionnaires :

« Dans les auberges, on me donnait à peine de

quoi manger que je payais fort cher et j'avais souvent pour lit une gerbe de paille.

« Je trouve la réponse du ministre à Fontainebleau qui me permet de venir à Paris ; je m'y rendis. Je trouvai le citoyen Vence arrivé avant moi à Paris, mais caché. Nous prîmes jour pour nous présenter avec des représentants au comité du salut public… Jour pris, nous nous rendîmes au comité, je dis :

« Citoyen président, je suis Pléville que vous chargeâtes, il y a cinq mois, d'aller à Tunis destituer le citoyen Vence avec ordre de lui faire mettre les fers aux pieds et aux mains et de l'envoyer à Paris pour être jugé au tribunal révolutionnaire. Je n'en ai rien fait, je l'ai maintenu dans son commandement, il s'est conformé aux ordres que je lui ai donnés : il est arrivé avec sa division à Toulon et le voilà. Pour moi qui ai désobéi formellement, je vous apporte ici ma tête.

« Le comité conféra secrètement, après quoi le président me dit : « Tu as été plus sage que nous, tu as bien fait, tu mérites récompense, dis celle que tu veux. » Je répondis : « Rien pour moi, mais Vence a été calomnié, déshonoré ; je demande pour lui la réparation dans le brevet de contre-amiral. »

« Dalbarade, ministre, observa qu'il n'y avait pas un an qu'il était capitaine de vaisseau. — « N'importe », lui dis-je ; Vence fut fait contre-amiral. « Quand cela se passait, un des membres était dans un coin et disait : « Voilà cependant une désobéissance formelle. » Je n'y fis pas attention, mais le jour que l'on conduisait Robespierre à la mort, je voulus le connaître ; on me l'indiqua et je reconnus en lui l'homme qui avait fait cette dernière observation. Je sentis en moi la nature frémir du danger que j'avais couru. »

Pléville attendait depuis quelques semaines que le ministre pût lui rembourser ses frais de route, quand parut le décret du 3 sans-culottide qui chassait de Paris tous ceux qui y étaient depuis moins de trois mois. Toujours sans argent, il dut partir et gagna Granville.

Le gouvernement l'y chargea d'un rapport sur la situation des esprits ; mais le délégué était bien mal choisi, car il n'avait pas l'âme faite pour de telles besognes.

Il trouva tout parfait à Granville : « Tout marche de la meilleure intelligence, chacun fait à qui mieux mieux avec connaissance ; je connais peu de villes où on soit plus républicain et observateur strict des loix. » (1)

Appelé, peu de temps après, à Paris à la commission de la marine, il fut un des trois administrateurs qui préparèrent la loi du 3 brumaire an III. Mis en réquisition auprès du ministre, après avoir terminé ce travail, il eut l'idée d'armer en course 24 frégates qui infligèrent à l'ennemi des pertes cruelles et ramenèrent en France pour huit cent millions de prises.

Au moment où se constituait le Directoire, Pléville-Le-Pelley fut choisi comme ministre de la Marine, mais il refusa et, ayant désigné Truguet, il resta en réquisition auprès de lui, et fut nommé chef de division.

Insensible cependant à l'ambition, il ne désirait aucun grade et ne demandait plus qu'à prendre du repos ; « mon traitement actuel me tenant lieu de pension, écrivait-il, je pourrais me retirer et finir ma carrière à Granville, ma patrie. »

---

(1) Ce rapport est dans le dossier de Pléville au Ministère de la Marine.

V.

Suprêmes Honneurs

Depuis que les passions politiques commençaient à se calmer, Pléville se voyait entouré par une foule de démagogues, compromis dans les excès de la révolution, qui cherchaient, à l'abri de son autorité et de sa vertu, à se réhabiliter dans l'opinion.

Il se trouva entraîné au *club constitutionnel,* que Madame de Staël venait d'établir dans cet hôtel du marquis de Salm qui est aujourd'hui le palais de la Légion d'Honneur. Ce club, de nuance indécise, bien que Benjamin Constant le dise composé « de tout ce qu'il a d'estimable dans dans le parti républicain.» comprenait des gens de toute opinion ; mais il avait acquis par sa lutte avec le club royaliste de Clichy, une autorité, qui faisait choisir dans son sein les hommes dont avait besoin le gouvernement.

Au mois d'avril 1797, Pléville-Le-Pelley fut nommé ministre plénipotentiaire, avec un autre granvillais, le citoyen Letourneur, qui venait de quitter le Directoire et Maret, le futur duc de Bassano, pour aller négocier à Lille la paix avec l'Angleterre représentée par Lord Malmesbury.

Trois mois après, on le rappelait pour lui confier le portefeuille de la marine dans le ministère formé le 17 Juillet 1797.

L'ardeur de ce vieux brave de 72 ans, n'avait pas faibli. Il travailla au ministère comme il avait travaillé toute sa vie.

Dès quatre heures du matin il était à son bureau, où il dépouillait lui-même toute sa correspondance et, avant de se rendre au Directoire à 11 heures, il avait vu tous les services et donné toutes ses instructions.

Il se montra constamment, homme d'état intègre, ministre éclairé. « Sa probité sévère, son austérité de mœurs.. devaient ressortir davantage dans un temps où la corruption, la cupidité, le vil égoïsme et les intérêts les plus bas, semblaient de toutes parts assiéger le gouvernement et circonvenir le pouvoir. » (1)

Voici un des faits qui peindront le mieux la noblesse de son caractère.

Le Directoire lui ayant donné l'ordre d'aller inspecter les côtes depuis Granville jusqu'à Brest lui avait fait délivrer 40,000 francs. Pléville remplit sa mission ne dépensa que 7.800 francs et à son retour il voulut renvoyer à la trésorerie les 32.800 francs qui restaient. On refusa de les reprendre ; il insista « Je ne reçois pas de gratifications pour avoir fait mon devoir », disait-il. Le gouvernement cependant ne crut pas de sa dignité de souscrire aux intentions du ministre.

Pléville, alors, ne voulant pas garder une somme à laquelle il ne se croyait pas de droits, l'employa à faire construire sur le ministère de la marine, un télégraphe qui jusqu'en 1840 rendit de grands services à l'administration.

*
* *

Cependant les affaires étaient dans un déplorable état ; il n'y avait ni matériel dans les ports,

---

(1) Paroles de François (de Neufchateau) qui dans ce même ministère du 17 Juillet avait le portefeuille de l'Intérieur. (Oraison funèbre de Pléville).

ni argent pour continuer les travaux et payer les équipages. « J'étais sans cesse aux trousses du ministre des finances », nous dit Pléville. Mais le zèle du ministre de la marine ne pouvait suppléer à tout.

Il fallut, pour garder les équipages, user d'un moyen qui avait réussi déjà. On prêta les frégates à des particuliers pour en faire des corsaires.

La guerre ayant été déclarée à l'Angleterre, le ministre s'enferma pendant huit jours pour préparer son plan de campagne. Le projet fut applaudi par les marins les plus compétents, mais certains ayant éveillé la défiance de Bonaparte et le jeune général ayant semblé perplexe, Pléville l'interpella ainsi : « Avant de rien commencer, général, il faut que le ministre de la marine et le chef de l'armée aient entre eux une confiance respective. Je joins la mienne à celle de la nation, mais je ne vous suis pas connu, si j'obtiens la vôtre nous irons ; sinon je quitterai sans regret le ministère. »

Le projet fut adopté et le ministre se remit au travail pour faire armer tous les bâtiments depuis Toulon jusqu'à Flessingue. Pour venir à bout de la colossale entreprise, il demanda la permission de s'adjoindre quatre anciens officiers généraux de la marine. « Sont-ils républicains lui dit-on » — « Je n'en sais rien, mais ce sont des gens d'honneur. » — C'était, en effet, ce qui importait le plus.

Les armements se terminaient et Pléville-Le-Pelley revenait de Brest dont les vaisseaux étaient déjà prêts, quand il comprit que tout était changé et qu'on préparait, en secret, à Toulon, une nouvelle expédition dont l'objectif semblait être l'Egypte. Il ne cacha pas sa façon de penser, prédit la difficulté de vaincre dans un tel pays, l'impossibilité de s'y maintenir et annonça l'écrasement de la flotte dans le port d'Alexandrie, prédiction qui devait être bientôt confirmée par le désastre d'Aboukir.

« Cette expédition ne peut être que funeste, disait-il ; si je donne des ordres en conséquence la nation sera fondée à croire que je la connais et que je l'approuve. Au moindre échec, elle dira : le ministre est cependant un vieux marin, comment a-t-il pu adopter et faire exécuter un pareil projet ; c'est donc un traître à la Patrie ! »

« Les 10 millions comptés me rendent responsable devant la loi, plus forte qu'un arrêté du

Directoire ; pour mon honneur, au moins je ne dois pas rester au ministère. »

Il se retira en effet, le 28 avril 1798.

Le 5 Octobre 1797, par arrêté du Directoire, il avait été nommé contre-amiral ; il y avait 18 ans qu'il était capitaine de vaisseau. Le 27 avril suivant, au moment ou il quittait le ministère il fut promu vice-amiral. On réparait par cet avancement rapide les injustices passées.

Après s'être reposé six semaines seulement à Granville, le vice-amiral fut nommé au commandement des ports de la République dans la mer Adriatique et chargé d'y réorganiser la marine. Il se rendit aussitôt à Ancône et à Corfou, où il fit tout ce que permit le peu d'argent dont il disposait. Quand il jugea son rôle terminé il rentra en France.

Il raconte en quelques lignes son voyage accidenté et pittoresque :

« Le général Macdonald avait ordonné, deux jours auparavant, à toutes les femmes d'évacuer et de retourner en France. Elles sûrent que je partais avec escorte et je fus joint le soir à Capoue par vingt voitures. J'augmentai mon escorte de 20 chasseurs et je me rendis à Mol de Gayette ou

3o autres voitures me joignirent dans la nuit. Je pris 5o fusilliers polonais, nous passâmes les défilés à la vue de deux mille brigands devant qui je fis faire halte. Un quart d'heure après je détachai les polonais vers eux dans les montagnes, ils décampèrent. Je ralliai le tout et je marchai, mais dans les broussailles, par Terracine ; nous fusillâmes pendant une demi-heure, toujours en marchant ; nous arrivâmes à Terracine sans que personne eût pris mal. Je m'emparai de tous les cabarets pour loger les femmes ; les hommes couchèrent dans les voitures ou sur la paille ; je leur en donnai l'exemple. »

« Je renvoyai les polonais, les cavaliers et je ne gardai que 12 chasseurs qui m'escortèrent jusqu'à Florence. J'appris que l'ennemi était maître de Bologne. Je passai par Pise et l'Erichi où je pris une felouque pour Gênes. J'avais perdu, de fatigue, deux jeunes aspirants dans la route ; ici un jeune lieutenant de vaisseau mourut aussi de de la même cause. »

Le septuagénaire, avec sa jambe de bois, était encore celui qui montrait le plus d'endurance à la fatigue. Après 45 jours d'un voyage pénible, il arriva enfin à Paris, remit ses rapports au ministre et se retira pour prendre le repos dont il avait grand besoin.

Le pays, cependant, réclamait encore ses services. Quelques jours après le coup d'état du 18 brumaire le Premier-Consul comprit Pléville-Le-Pelley dans la promotion des soixante premiers sénateurs et, dès la création de la légion d'honneur, il le fit grand officier de l'ordre.

Ce n'étaient pas de trop hautes récompenses pour les longs et dévoués services du marin mais c'était beaucoup plus que le modeste citoyen n'attendait de la fortune.

***

Le 2 octobre 1805, l'amiral Pléville-Le-Pelley, succomba à une maladie de quelques jours, à Paris, en son appartement de la rue Grange-Batelière. Il allait avoir 80 ans.

Le lendemain, le président du Sénat, François de Neufchateau, qui avait été ministre avec lui, prononça son éloge funèbre, dans la succursale de Saint-Thomas.

La population granvillaise ressentit vivement la perte qu'elle venait de faire et le 16 octobre elle se rendit toute entière au service funèbre que la municipalité fit célébrer à Notre-Dame. « Ce jour-là fut un jour de deuil public... Tous les bâtiments de la flotte impériale les vergues en croix attestaient les regrets de la marine et le canon tiré d'heure en heure n'a cessé de se faire entendre jusqu'à la nuit. » (1)

L'amiral fut inhumé au cimetière Montmartre. (2)

L'empereur chargea l'Académie de rédiger son épitaphe, qui fut composée en latin lapidaire par Lemaire désigné à cet effet par ses collègues.

En voici la traduction :

Ici repose Georges-René Pléville-Le-Pelley, né a Granville le 18 Juin 1726, mort a Paris le 10 vendémiaire an xiv de la République, agé de 80 ans, homme vraiment homme, bon pére. citoyen infiniment recommandable par son amour pour sa patrie, par la pureté de ses mœurs, par un atta-

---

(1) Le procès-verbal de cette pieuse cérémonie, transmis au président du Sénat par M. Perrée, tribun, natif de Granville et ami personnel du défunt a été déposé dans les archives du Sénat.

(2) Son buste commandé au sculpteur Le Sueur fut placé en 1807 au palais du Sénat où il se trouve encore.

CHEMENT A TOUTE ÉPREUVE POUR SES AMIS : GUERRIER ILLUSTRE PAR SA VALEUR ET PAR SES BLESSURES ; IL EUT LA JAMBE DROITE EMPORTÉE DANS UN COMBAT, LA JAMBE DE BOIS QUI LA REMPLAÇA, ÉPROUVA ENSUITE LE MÊME SORT.

LES ANGLAIS LE REDOUTAIENT ÉGALEMENT SOIT QU'IL PARCOURUT LES MERS EN LANÇANT LES FOUDRES DE LA GUERRE, SOIT QU'IL TRAITAT AVEC EUX DES CONDITIONS DE LA PAIX. — CES MÊMES ANGLAIS, QUI AVAIENT ÉPROUVÉ SA VALEUR, ADMIRÈRENT SON HUMANITÉ QUAND, PRÈS DE FAIRE NAUFRAGE, IL FUT REPOUSSÉ PAR LA TEMPÊTE SUR LES CÔTES DE MARSEILLE.

LE GOUVERNEMENT SE GLORIFIE D'AVOIR EU EN SA PERSONNE, UN MINISTRE DE LA MARINE ET DES COLONIES, INCORRUPTIBLE, PRÉVOYANT, COURAGEUX. LE SÉNAT FRANÇAIS L'ÉCOUTAIT COMME UN AUTRE NESTOR, SOIT QU'IL DÉLIBÉRAT, SOIT QU'IL ÉMIT SON VŒU.

SA FILLE, SON GENDRE, SES PETITS ENFANTS, SES NEVEUX, SES AUTRES PARENTS ET AMIS, INCONSOLABLES DE SA MORT, LUI ONT ÉLEVÉ CET HUMBLE MONUMENT, QUI HÉLAS ! NE DOIT PAS TOUJOURS SUBSISTER.

GRANVILLE. — IMPRIMERIE DE L'AVENIR RÉPUBLICAIN.

135. - GRANVILLE
Statue de Pleville Le Pelley